Gary Quinn

31 Tage

zu persönlichem Glück und Erfolg

Gary Quinn

31 Tage

zu persönlichem Glück und Erfolg

Anleitung für jeden Tag zur
Veränderung deines Lebens

Aus dem Amerikanischen
übersetzt von
Maximilian Kauer

Giger Verlag

Dieses Buch erschien zuerst 2017 in italienischer Übersetzung unter dem Titel *31 giorni per il successo* bei Efis Publishing, Cervia.
Die deutsche Übersetzung folgt dem amerikanischen Originalmanuskript.

1. Auflage 2017

CH-8852 Altendorf · Telefon 0041 55 442 68 48
www.gigerverlag.ch
Lektorat: Monika Rohde
Umschlaggestaltung:
Hauptmann & Kompanie Werbeagentur, Zürich
Fotos: S. 8, 13, 16, 20, 24, 28, 32, 40,
44, 48, 52, 56, 60, 64, 68, 72, 80, 84, 92, 100, 104, 108,
112, 116, 120, 124, 128, 132 © Roland Poferl;
S. 36, 88, 96 © Monika Rohde; S. 140: © Gary Quinn
Layout und Satz: Roland Poferl Print-Design, Köln
Druck und Bindung: GGP Media GmbH, Pößneck
Printed in Germany
ISBN 978-3-906872-28-5

Inhalt

Einleitung

Willkommen bei *31 Tage zu persönlichem Glück und Erfolg*, einem kleinen Ratgeber, der dir helfen möchte, dein Leben auf Kurs zu bringen. Gratulation, dass du entschlossen bist, die Qualität deines persönlichen und deines Berufslebens zu verbessern.

Es ist ein Buch für jeden Tag, das du jetzt in den Händen hältst, die perfekte Einleitung für 31 Tage des persönlichen Erfolgs, und es wird dich auf eine Selbstentdeckungsreise mitnehmen. Rechne damit, einige deiner erstaunlichen Gaben, Werte und Träume zu entdecken, die du vielleicht versteckt hast. Es ist so konzipiert, dass du jeden Tag anfängst mit einer Feier der Selbstannahme und mit Selbstvertrauen für den arbeitsreichen Tag, der vor dir liegt. Das ist ein schöner Weg, die Prioritäten für jeden Tag festzulegen, die eigenen Glaubenssätze und Emotionen zu identifizieren und sich Inspirationen beim Aufstehen und Zubettgehen zu holen.

Beginne jeden Tag damit, achtsam zu sein, aufmerksam zu werden, wo du jeden Tag stehst, und nutze die inspirierenden Tagesmottos, Übungen und Affirmationen, um den Tag über bei dir zu bleiben.

Bei jedem Tag findest du einen Abschnitt unter der Überschrift *Gedanken und persönliche Notizen*. Dieser Platz ähnelt einem Tagebuch und soll dir helfen, Veränderung herbeizuführen und deine Chancen, dein Denken und deine Perspektive zu erweitern.

Stell dich dir selbst als erfolgreichen Menschen vor!
Das eigene Leben zu verändern kann einfach sein – wenn man seine Geisteshaltung verändert. Öffne deinen Geist und dein Herz dem Glauben, dass das Leben voller wunderbarer, positiver Dinge sein kann und wird. Lege deine Prioritäten fest, identifiziere sie jeden Tag. Schreibe dir ein spezifisches Ziel auf, konzentriere dich darauf und der Rest kommt von selbst. Denke daran: Nur durch Handeln legst du deine Ergebnisse fest. *31 Tage zu persönlichem Glück und Erfolg* wird dich inspirieren, deinen wahren Lebenssinn zu entdecken, Ergebnisse zu erzielen und das Leben zu leben, das du leben willst. Fangen wir an!

Intention/Absicht

»Unsere Intention erschafft unsere Realität.«

WAYNE DYER

Intention ist die Absicht, sich auf ein spezifisches Ziel oder einen bestimmen Zweck hin zu konzentrieren und diese Gedanken im Zentrum deines Bewusstseins zu halten.

An einer Absicht, einem Ziel festzuhalten ist bedeutsam und gibt uns eine klare Richtung vor. Eine gut durchdachte Intention kann dich unterstützen und dir helfen, gute Ergebnisse zu erzielen.

Intention ist ein hervorragendes Werkzeug der Selbstermächtigung und der Transformation von Angst in Hoffnung. Ein eigenes Ziel zu haben und zu kennen, kann der Treibstoff für konstruktive Handlungen und Gedanken sein, die sich perfekt an unseren wahren Sehnsüchten ausrichten. Setze dir heute das Ziel, deinen Lebenstraum zu erfüllen.

Dein Tagesmotto

Versuche jeden Tag etwas Großes oder etwas Kleines zu erreichen, von dem du glaubst, du könntest es eigentlich nicht. Wenn du dir dein Ziel entsprechend der Sache, die du erschaffen willst, setzt, folgt der Erfolg durch Entschlossenheit und Beharrlichkeit.

Tagesaffirmation

Heute halte ich meine Gedanken und meine Absicht auf das konzentriert, was ich möchte, dass es in meinem Leben in Erscheinung tritt.

Übung: Mit Absichten arbeiten

Beginne jeden Tag mit einer klaren Intention. Ob sie nun darin besteht, stärkere, persönliche Beziehungen aufzubauen, sich finanziell zu verbessern oder eine Veränderung in der Karriere herbeizuführen, setze dir dein Ziel bewusst.

Schreibe dir diese Absicht täglich auf. Teile dein Ziel einem Freund mit, der dich unterstützt und anspornt, Verantwortung für dein Handeln zu übernehmen. Handle deiner Intention entsprechend. Nimm dir täglich Zeit, deine erfolgreichen Handlungen zu beschreiben. Setze diesen Prozess täglich fort, um absichtsvoll zu leben, das wird dir helfen, deine Ziele zu manifestieren.

Zeitplan

Gedanken und persönliche Notizen

Wille und Veränderung

»Du selbst musst den Einsatz bringen.
Die Meister können dir nur den Weg zeigen.«
BUDDHA

Was bedeuten Wille und Veränderung?

Wille und Veränderung gehen Hand in Hand. Du brauchst deinen Willen, um dich für eine Sache, eine Idee oder einen Glauben einzusetzen. Durch ein authentisches Engagement bestätigst du eine dauerhafte, beständige Veränderung in deinem Leben. Wenn du das umsetzt, was du möchtest, egal welche Hindernisse sich präsentieren, dann bist du mit starkem Willen dabei. Dieser Wille hilft dir, dich der Erfüllung deines Lebenszwecks zu nähern. Dein Bewusstsein der Stärke ist eine machtvolle Kraft der Manifestation und Leistung. Wille und Veränderung verweben sich miteinander, da Veränderung den Willen braucht, um Wirklichkeit zu werden. Ohne Engagement und einen starken Willen ist es unmöglich, dauerhafte, beständige Veränderung zu erreichen. Jedenfalls wird niemand erfolgreich Veränderungen herbeiführen, wenn es ihm an Willen fehlt.

Dein Tagesmotto

Ein starker Wille für deine Veränderungen ist das Wichtigste, was du für dich selbst und dein Leben tun kannst. Investiere dein Engagement nur in Dinge, die dir helfen, deinem Ziel näherzukommen.

Tagesaffirmation

Ich bin entschlossen, heute eine große Veränderung in meinem Leben zuzulassen.

Übung: Mit Willen und Veränderung arbeiten

Setze dich ganz für die Veränderungen, die du in deinem Leben herbeiführen willst, ein. Das bedeutet, physisch, mental und emotional präsent und engagiert zu sein. Sei willens, alle Ablenkungen zu opfern, die sich nicht mit der Veränderung, die du möchtest, vereinbaren lassen. Das nennt man engagiertes Handeln. Veränderung geschieht nur durch Willen. Arbeite täglich daran, sicherzustellen, dass sowohl deine Gedanken wie auch deine Handlungen dein Engagement für dein Ziel widerspiegeln, wenn es darum geht, dauerhafte Veränderung in deinem Leben zu bewirken.

Zeitplan

Gedanken und persönliche Notizen

Motivation und Inspiration

»Wir bestreiten unseren Lebensunterhalt mit dem, was wir bekommen, aber wir leben von dem, was wir geben.«
WINSTON CHURCHILL

Was sind Motivation und Inspiration?

Motivation und Inspiration sind etwas, das wir alle brauchen. Sie unterscheiden sich dadurch, dass Motivation zumeist aus uns selbst kommt, während wir nur von außen inspiriert werden können. Motivation spornt uns in unserem Handeln oder Verhalten an, etwas mit mehr Elan zu verrichten. Motivation kann durch viele Faktoren beeinflusst werden, angefangen stets bei uns selbst, aber auch durch die Umwelt und die Menschen, mit denen wir täglich zu tun haben. Viele kämpfen mit Stagnation und schaffen es nicht, positive Handlungen und Schritte in Richtung ihrer Träume zu unternehmen. Es fehlt ihnen an Motivation.

Inspirationen sind Anregungen, man wird mental stimuliert, etwas zu tun oder etwas zu fühlen, meist etwas Kreatives. Inspiration kommt aus dem Herzen und ist sehr subtil.

Motivation ist auf eine Handlung bezogen, sie ist der Wille zum Handeln. Wer inspiriert und motiviert ist, erlebt mehr Zufriedenheit in seinem Leben.

Dein Tagesmotto

Wenn du dein Bewusstsein bestätigst und für deinen Überfluss, deine Freude, Inspiration und Motivation dankst, lädst du so noch mehr davon in dein Leben ein.

Tagesaffirmation

Heute motiviere ich mich selbst mit inspirierenden und motivierenden Worten.

Übung: Mit Motivation und Inspiration arbeiten

Wirf einen Blick auf deine Ziele. Fühlst du dich zum Handeln motiviert? Schreibe dir Ziele auf, die dich instinktiv dazu bringen zu handeln. Das verstärkt deine Motivation und kann dich inspirieren. Schreibe dir auf, was du wirklich liebst und genießt. Das können künstlerische Dinge sein, wie zum Beispiel Musik, bildende Kunst, Aktivitäten oder liebe Leute. Werde dir täglich all der Dinge bewusst, die du liebst. Nimm dir jeden Tag Zeit dafür, sie zu genießen. Und bemerke, wie du dich durch dein Denken selbst inspirierst, mehr von dem zu erschaffen, was du in deinem Leben liebst und was du dir für dein Leben wünschst.

Zeitplan

Gedanken und persönliche Notizen

Loslassen und empfangen

»Wähle deine Worte mit Bedacht und sei untadelig mit deinem Wort. Vermeide es, dein eigenes Wort gegen dich selbst oder andere zu richten. Benutze die Macht deines Wortes im Namen von Wahrheit und Liebe.«

DON MIGUEL RUIZ

Loslassen bedeutet, das, was gegenwärtig geschieht, einfach sein zu lassen und dabei allen Widerstand loszulassen. Man könnte es als Entscheidung betrachten, das Beste aus allen Umständen zu machen, die nicht zu den eigenen Träumen, Hoffnungen und Sehnsüchten zu passen scheinen. Wie oft ertappst du dich dabei, dass du sagst »Wenn doch nur …« oder: »Ich wünschte, es wäre anders.«? Diese Gedanken und Vorstellungen sind genau das Gegenteil von Achtsamkeit und korrelieren mit dem Empfangen. Oft öffnen wir uns erst im Prozess des Loslassens und Aufgebens unseres Widerstands, um endlich empfangen zu können.

Empfangen heißt, deine wahre Sehnsucht, die das Universum, deine Seele und dein höheres Selbst für dich bereithalten, Wirklichkeit werden zu lassen. Wenn wir dem, was vor uns liegt, Widerstand leisten, sind wir einfach nicht in der Lage, Lektionen oder Segnungen zu empfangen. Wir sind dafür geboren, dass alle unsere Sehnsüchte sich erfüllen.

Dein Tagesmotto

Fange an, deine Gedankenmuster zu beobachten, und achte darauf, welche Gefühle dies bei dir auslöst. Wenn du keine Freude erlebst, kein Gefühl von Macht und Weite hast, dann lebst du auf einer niedrigeren Frequenz.

Tagesaffirmation

Heute lasse ich los und erlebe die besten Ergebnisse, die mir das Leben zu bieten hat.

Übung

Nimm dir die Zeit herauszufinden, welche Dinge du nicht loslassen kannst und ob sie persönlich oder beruflich sind. Dann nimm bitte die Geisteshaltung ein, dass du bereit bist, loszulassen. Fang mit der einfachen Affirmation an, in der du sagst, dass du jetzt loslässt. Die Bereitschaft – loszulassen – hilft dir, deine Einstellung zu deinen Lebensumständen zu verändern. Dieser Haltungswechsel wird deinen Geist und dein Herz öffnen. Lass als Erstes los. Dann kannst du glauben und wirst empfangen.

Zeitplan

Gedanken und persönliche Notizen

Handeln und Verantwortung

»Die Zukunft hängt von dem ab, was wir heute tun.«
MAHATMA GANDHI

Was bedeutet es, zu handeln und Verantwortung zu übernehmen?

Zu handeln und Verantwortung zu übernehmen, sind zwei Seiten derselben Medaille. Wenn wir uns widrigen Umständen und Herausforderungen gegenübersehen, ist es sehr leicht, den Rückzug anzutreten. Die Vorstellung, die Dinge sich selbst regeln zu lassen und abzuwarten, widerspricht unseren Kräften und Fähigkeiten, mit denen wir unser eigenes Leben gestalten sollen. Ob du dich nun einem Triumph oder einer Enttäuschung gegenübersiehst – du musst aktiv werden. Durch Handeln signalisierst du dir selbst und dem Universum, dass du bereit bist, Verantwortung für dich zu übernehmen. Indem du Verantwortung übernimmst, erlangst du größeren Respekt vor dir selbst. Diese Handlungen sind Symbole dafür, dass du dein eigenes Leben aktiv in Besitz nimmst. Auf diese Weise überwinden wir alle schwierigen Situationen und Umstände am besten.

Dein Tagesmotto

Die meisten von uns wollen auf die bestmögliche Art handeln und Verantwortung übernehmen. Die Erfüllung dieser Handlungen bedeutet, dass wir bereit und willens sein müssen, endlose Gnade und Gutes vom Universum in jeder Situation zu empfangen.

Tagesaffirmation

Heute bin ich im Zentrum des Geschehens und werde zum Magneten für die Großartigkeit, die mühelos durch mich hindurchfließt.

Übung: Mit Handeln und Verantwortung arbeiten

Egal, welchen Umständen du dich gegenübersiehst, entscheide dich, jeden Tag aktiv zu agieren. Bemühe dich bewusst darum, die Verbindung von Verantwortung und Handeln zu sehen. Erstelle dir eine Liste mit den Schritten, die du jede Woche unternimmst und die zur Umsetzung deiner Ziele passen. Vollziehe diese Handlungen und sei willig, Verantwortung dafür zu übernehmen. Handeln bedeutet Verantwortung übernehmen.

Zeitplan

Gedanken und persönliche Notizen

Einstellung und Zuversicht

»Es gibt immer einen Weg – wenn du entschlossen bist!«
ANTHONY ROBBINS

Wenn wir daran arbeiten, das Leben mit Kraft und Zähigkeit anzugehen, ist unsere Einstellung ganz entscheidend! Mit der richtigen Einstellung ist alles möglich. Sie ist die Art, wie wir über jemanden oder etwas denken, und wird meist am Verhalten einer Person abzulesen sein. Eine positive Einstellung kann man sofort erkennen, eine negative genauso. Wer ein niedriges Selbstvertrauen hat, zeigt meist auch eine negative Einstellung, denn dahinter kann er Ängste und Zweifel leichter verstecken. Die negative Einstellung hilft uns nicht, unsere Ziele zu erreichen, sondern beraubt uns unserer Hoffnung und Kraft. Wir müssen jeden Tag mit Selbstvertrauen angehen und mit völliger Gewissheit sprechen. Wenn wir anfangen, uns darauf zu konzentrieren, verändert sich alles.

Dein Tagesmotto

Um dich an der eigenen Authentizität auszurichten und deinen Lebenszweck zu erreichen, musst du neue Fähigkeiten, neue Gedanken und neues Selbstvertrauen wecken, alte Glaubenssätze, die dir nichts mehr bringen, loslassen.

Tagesaffirmation
Heute entscheide ich mich, das Selbstvertrauen in meinem Leben zu steigern.

Übung: Arbeite mit der richtigen Einstellung
Nimm dir einen Moment Zeit, um deine eigene Einstellung zu beobachten. Schreibe alles auf, wozu du tendenziell eine negativere oder positivere Meinung hast. So Tagebuch zu führen, hat den Zweck, deinen Überzeugungen besser auf die Spur zu kommen. Wenn du tendenziell eine negative Einstellung, eine Überzeugung oder ein Gefühl hast, dass die Dinge nicht funktionieren werden, dann entscheide dich bitte jetzt, dein Leben in Dankbarkeit zu sehen. Schreibe alle deine Ängste und Sorgen auf. Dann sage Danke für alle Einsichten und Talente, die du hast.

Das wird dir helfen, zu einer viel positiveren Einstellung zu finden. Beginne, das Leben mit diesem gesteigerten Gefühl der Selbstsicherheit anzugehen. Je mehr du diese Einstellung kultivierst, desto selbstsicherer wirst du dich fühlen. Bejahe, dass du täglich mit großem Selbstvertrauen handelst.

Zeitplan

Gedanken und persönliche Notizen

Hartnäckigkeit

»Es ist die Hartnäckigkeit, die kreative Gedanken Realität werden lässt.«

GARY QUINN

Hartnäckigkeit ist eine der wertvollsten Eigenschaften, die man haben kann. Hartnäckigkeit braucht man für alles im Leben. Stell dir vor, wie es wäre, wenn du alle deine Ziele und Pläne nach nur einem Versuch aufgeben würdest. Wir alle sehen uns unvermeidlich Herausforderungen gegenüber, wenn es darum geht, was wir erreichen wollen. Ergeben wir uns diesen Kräften, verabschieden wir uns von unserer Stärke. Hier kommt Hartnäckigkeit ins Spiel. Wir können einem Pfad nur dann treu bleiben und durchhalten, wenn wir wirklich klar und sicher bezüglich dessen sind, was wir wollen.

Dein Tagesmotto

Wenn du dich beim Handeln von einem Gedanken leiten lässt und dies durchhältst, gibt es eine Reaktion, denn für jede Aktion gibt es eine gleiche, gegenteilige Reaktion.

Tagesaffirmation

Heute halte ich bei allen meinen Bemühungen länger durch.

Übung: Mit Hartnäckigkeit arbeiten

Achte darauf, dass du eine klare Vision dessen hast, was du erreichen willst. Das kann eine große Leistung sein oder etwas sehr Einfaches. Egal, wie groß dein Ziel ist, achte einfach darauf, dass du dir darüber genau im Klaren bist.

Jetzt, da du dein Ziel anvisiert hast, kannst du handeln. Achte darauf, zu beobachten, was funktioniert und was nicht. Schreibe dir diese Dinge jeden Tag auf. Beobachte die Leute und die Handlungen, die dich unterstützen. Beobachte ebenfalls die Leute und Handlungen, die dich nicht unterstützen. Bleibe nun mit diesem neuen Bewusstsein beständig auf deinem Weg. Lass dich sogar noch tiefer darauf ein, dranzubleiben. Bleibe an den Beziehungen und Handlungen dran, die dir beim Erreichen deiner Ziele helfen. Dranbleiben, dranbleiben, dranbleiben.

Zeitplan

Gedanken und persönliche Notizen

Freude und Güte

»Menschen, noch mehr als Dinge, müssen wiederhergestellt, erneuert, wiederbelebt, zurückgefordert und erlöst werden. Wirf nie jemanden raus.«

AUDREY HEPBURN

Stell dir vor, wie es wäre, wenn du und alle, die du kennst, jeden Tag versuchen würden, freudvoller und gütiger zu leben. Wir denken oft darüber nach, voll Freude zu sein und gütig zu anderen. Es ist wichtig, dass wir uns die Zeit nehmen, zuerst uns selbst so zu behandeln und dann erst die anderen. Freude ist das Gefühl großen Vergnügens und Glücks. Güte ist die Qualität, freundlich, großzügig und bedacht zu sein.

Wenn wir authentische Freude erlebt haben, kann uns das helfen, gütiger zu sein – zunächst zu uns, dann auch zu anderen. Freude im eigenen Leben zu erzeugen, kann eine sehr einfache und grundlegende Aufgabe sein. Das muss eine Priorität für uns haben, sodass Güte uns zur zweiten Natur werden kann. Ohne ein Gefühl der Freude kann es eine Herausforderung sein, Güte zum Ausdruck zu bringen.

Dein Tagesmotto
Liebst du dich selbst bedingungslos? Bist du bereits perfekt? Indem du ein Mensch voll Freude und Güte wirst, demonstrierst du deine Liebe für dein Selbst und andere. Werde zu Liebe.

Tagesaffirmation
Heute akzeptiere und demonstriere ich mehr Liebe, Freude und Güte in meinem Leben.

Übung: Mit Freude und Güte arbeiten
Mein erster Schritt, wenn ich Freude erzeugen will, ist es, die Dinge zu machen, die mir Freude bereiten. Vielleicht stellst du fest, dass Trainieren, Schreiben, Tanzen und Singen Aktivitäten sind, dank derer du dich glücklich fühlst. Egal was es ist, verbringe mindestens dreißig Minuten am Tag mit etwas, das dir Freude bereitet. Dann kann die Güte anfangen, mühelos von diesem Ort hervorzusprudeln, an dem du bewusst Freude in deinem Leben kreierst.

Du musst Freude in deinem Leben haben, wenn du dir selbst und anderen mit einer großzügigen Haltung begegnen willst. Fange damit an, Freude in deinen Alltag zu bringen.

Zeitplan

Gedanken und persönliche Notizen

In der Gegenwart leben

»Tu nicht, als wenn du Tausende von Jahren zu leben hättest. Der Tod schwebt über deinem Haupte. So lange du noch lebst, so lange du noch kannst, sei ein rechtschaffener Mensch.«

MARC AUREL, SELBSTBETRACHTUNGEN IV, 17

In der Gegenwart zu leben kann eine der größten Herausforderungen sein. Man kann die Gegenwart als das »Hier und Jetzt« sehen, weder die Zukunft noch die Vergangenheit. Es bedeutet nicht, sich von der Vergangenheit oder der Zukunft zu trennen, eher als Hinweis darauf, sie auf produktive Art ins Jetzt zu integrieren.

Wir alle bereuen Dinge aus unserer Vergangenheit. Wir haben auch Ziele für die Zukunft. Wir können unsere Vergangenheit und unsere Hoffnung für die Zukunft nehmen und uns von diesen Elementen helfen lassen, das Beste aus unserer Gegenwart zu machen. Wir können uns nicht auf die Vergangenheit oder unsere Hoffnung für die Zukunft kaprizieren und gleichzeitig in der Gegenwart sein. Aber wir können uns wiederum von ihnen dabei helfen lassen, das Beste aus dem »Jetzt« zu machen.

Dein Tagesmotto

Fang an, deine Denkmuster zu beobachten und sieh, wie sie auf deine Gefühle wirken. Alles beginnt mit deinen Gedanken, Ideen und Absichten. Die Liebe, die du suchst, sieht dich. Dein Friede ist in dir. Der Überfluss, den du suchst, wird dir in jedem Moment dargeboten.

Tagesaffirmation

Heute juble ich und lebe im gegenwärtigen Augenblick.

Übung: Mit dem Leben im Hier und Jetzt arbeiten

Werde dir bewusst, dass in der Gegenwart zu leben nicht bedeutet, dass du die Dinge in deiner Vergangenheit, die du bereust oder die dich enttäuscht haben, oder dass du deine Hoffnungen für die Zukunft ignorieren sollst. Erstelle eine Liste der Dinge, die du bereust, und eine Liste deiner Ziele. Schreibe auf, wie du die Dinge, die du bereust, nutzen könntest, um dir jetzt im Moment zu helfen.

Oft haben wir bei dem, was wir bereuen, einfach nicht in der Gegenwart gelebt. Wir waren hauptsächlich von Furcht gesteuert. Triff die Entscheidung, dass alle Dinge aus deiner Vergangenheit, die du bereust, nun dein Treibstoff werden, und lebe im Moment. Sei dir dessen bewusst. Mit dem neu gewonnenen Verständnis deiner Vergangenheit kannst du anfangen, in der Gegenwart zu leben.

Zeitplan

Gedanken und persönliche Notizen

Geduld und Akzeptanz

»Allzu oft unterschätzen wir die Macht einer Berührung, eines Lächelns, eines gütigen Wortes, eines offenen Ohrs, eines ehrlichen Kompliments oder des kleinsten Aktes von Zuwendung, die alle das Potenzial haben, einem Leben eine neue Wendung zu geben.«

LEO BUSCAGLIA

Geduld ist definiert als die Fähigkeit, Verzögerungen, Schwierigkeiten oder Leiden zu akzeptieren oder zu tolerieren, ohne zornig oder aufgebracht zu werden. Geduld ist das Rückgrat der Güte. Ohne Geduld ist es fast unmöglich, irgendjemandem Güte zu erweisen.

Wenn wir uns Enttäuschungen oder negativen Menschen gegenübersehen, kann Geduld sehr hilfreich sein. Geduld mit anderen und uns selbst ist der beste Weg, zu vermeiden, in eine negative Situation oder Energie hineingezogen zu werden. Geduld kann als Barriere dienen, wenn wir uns bestimmten Leuten oder Situationen ausgesetzt fühlen. Dadurch sehen wir uns als getrennt von Herausforderungen und Negativität und sind in der Lage, diese Dinge zuzulassen, ohne zu ihnen zu werden.

Dein Tagesmotto
Geduld und Akzeptanz machen es erforderlich, dass du deinem göttlich inspirierten Plan für dein Leben vertraust. Mit Akzeptanz und Nichtanhaftung wird dein Gewahrsein die Kraft erweitern, die durch dich hindurchfließt.

Tagesaffirmation
Heute nehme ich den Fluss des Lebens an.

Übung: Mit Geduld und Akzeptanz arbeiten
Werde dir klar, dass das Kultivieren von Geduld eine hervorragende Möglichkeit ist, mit Enttäuschungen fertig zu werden, mit Dingen, die einen aufregen und auch mit allen möglichen sonstigen Umständen. Negative Menschen haben nur dann Macht über dich, wenn du es zulässt.

Wenn du dich einer Enttäuschung ausgesetzt siehst, tritt einfach geistig einen Schritt zurück und atme tief ein. Erlaube der Sache so zu sein, wie sie ist – mit dem Wissen und der Achtsamkeit, dass du dich nicht mit hineinziehen lassen musst. Der einzige Weg, wie du wirklich Abstand zwischen dir und der Negativität schaffen kannst, ist durch Geduld. Diese Geduld wird es dir ganz natürlich erlauben, großzügiger zu dir selbst und anderen zu sein.

Zeitplan

Gedanken und persönliche Notizen

Liebe und Ruhe

»Liebe das Leben, engagiere dich im Leben, gib alles, was du hast. Liebe das Leben mit Leidenschaft, denn das Leben wird dir das, was du investierst, vielfach zurückgeben.«

MAYA ANGELOU

Liebe kann für jeden sehr unterschiedliche Dinge bedeuten. Die Vorstellung, dass Liebe ein »intensives Gefühl tiefer Zuneigung« ist, wird der Idee der Liebe nicht gerecht. Amouröse Liebe, spirituelle Liebe und andere Arten von Liebe basieren auf wesentlich mehr als nur Zuneigung.

Während amouröse Liebe in der Tat auf einem Gefühl der Zuneigung basiert, gründet sie doch genauso auf Respekt. Das Konzept bedingungsloser Liebe beinhaltet diese Vorstellung, sie erzeugt von Natur aus Ruhe. Authentische Liebe ist stets bedingungslos. Es gibt keinen Stress und keine Anstrengung bei bedingungsloser Liebe. Das bedeutet nicht, dass wir keine negativen Gefühle mehr haben oder schlecht auf Menschen oder Situationen reagieren. Jedoch fußt das eigene Verhalten dann auf Respekt und Liebe.

Dein Tagesmotto

Die Liebe ist die höchste aller Tugenden und besitzt die Macht der Verwandlung. Liebe ist mehr als nur ein Wort. Liebe ist die Macht der Schöpfung. Liebe zeigst du durch liebende Worte und liebendes Handeln.

Tagesaffirmation

Ich bin heute hier, um zu lieben und um geliebt zu werden.

Übung: Mit Liebe und Ruhe arbeiten

Es ist wichtig, sich klarzumachen, dass Liebe mehr ist als nur ein Gefühl von Zuneigung. Beginne jeden Tag und jede Interaktion mit deinen Lieben aus der Perspektive bedingungsloser Akzeptanz. Triff täglich die Entscheidung, ihnen deine Liebe anzubieten und einen in der Liebe verankerten Ort der Ruhe zu schaffen. Tue jeden Tag das Deine, um sowohl Zuneigung als auch Respekt für deine Lieben zum Ausdruck zu bringen, und wisse, dass beides zu Frieden und Ruhe führt.

Zeitplan

Gedanken und persönliche Notizen

Dankbarkeit und Respekt

»Könnte es ein größeres Wunder für uns geben, als für einen Moment durch die Augen des anderen zu schauen?«

HENRY DAVID THOREAU

Dankbarkeit ist die Qualität, dankbar zu sein, bereitwillig seine Wertschätzung für etwas zu zeigen und die erwiesene Güte zurückzugeben. Dankbarkeit kann man zum Ausdruck bringen, wenn man über grundlegenden Respekt für sich selbst und den anderen verfügt. Es ist leicht, einfache Freuden zu übersehen. Wenn wir anfangen, vieles für selbstverständlich zu halten, dann verlieren wir letztlich den Respekt dafür. Wenn hier von Respekt die Rede ist, dann bedeutet das, jemanden oder etwas zu würdigen.

Respekt ist eine recht einfache Idee und kann uns in jedem Bereich unseres Lebens helfen. Es ist einfach – du musst nur den Moment zu würdigen wissen. Das ist wirklich und wahrhaftig das Rückgrat der Dankbarkeit. Es ist die Bereitschaft, den Wert in allen Dingen zu sehen.

Dein Tagesmotto

Dankbarkeit ist der Schlüssel für eine spirituelle Praxis, die es dir erlaubt, dankbar für das Leben zu sein. Es ist leicht, dankbar zu sein, wenn du glücklich und erfolgreich bist. Die wirkliche Prüfung für die Dankbarkeit zeigt sich jedoch, wenn die Dinge nicht so eintreten wie gewollt.

Tagesaffirmation

Heute bin ich dankbar für alles in meinem Leben.

Übung: Mit Dankbarkeit arbeiten

Beobachte, welchen Wert jeder einzelne Teil deines Lebens hat. Wenn du in einem Bereich deines Lebens zu kämpfen hast, nimm dir die Zeit, die Schwierigkeit anzuerkennen. Dann versuche herauszufinden, welches Verhalten, welche Einstellung oder Fertigkeiten du entwickeln kannst, um deine Situation zu verbessern. Danach wirst du sehen, wie sich Dankbarkeit auf sehr spezifische, greifbare Art anwenden lässt. Das wiederum verschafft dir ein Gefühl von Respekt für alle Bereiche deines Lebens.

Es ist ebenso wichtig, ein Gefühl von Dankbarkeit in Zeiten von Erfolg und Glück zu kultivieren. Schreibe täglich mindestens fünf Dinge auf, für die du dankbar bist. Damit entwickelst du eine Haltung der Dankbarkeit und lässt sie zu einem echten Respekt für alle Dinge werden.

Zeitplan

Gedanken und persönliche Notizen

Leidenschaft und Vision

»Lass nicht einen Tag vergehen, ohne die Frage zu stellen, wer du bist.«

DEEPAK CHOPRA, DAS TOR ZUM VOLLKOMMENEN GLÜCK

Leidenschaft ist die intensive Sehnsucht nach oder Enthusiasmus für etwas. Eine Vision ist die »Fähigkeit, mit Weisheit und Vorstellungsgabe über die Zukunft nachzudenken oder sie zu planen.« Leidenschaft und Vorstellungskraft gehen Hand in Hand. Ohne Leidenschaft oder eine Vision durchs Leben zu gehen bedeutet, ein Leben ohne Sinn zu führen. Jede Person hat einen Daseinszweck. Der Schlüssel für ein leidenschaftliches Leben ist mit einer Vision dessen verbunden, was du liebst, zu leben.

Du kämpfst vielleicht damit, wie du deinen Daseinszweck finden oder definieren sollst. Du hast vielleicht kein klares Wunschbild für dein Leben und es mag sich anfühlen, als würdest du die Routinen deines Lebens ohne Leidenschaft durchleben. Aber es gibt bestimmte Maßnahmen, die du dagegen ergreifen kannst. Finde Klarheit in beiden Aspekten und baue dir eine Vision mit Leidenschaft für dein Leben auf.

Dein Tagesmotto

Wenn du beabsichtigst, Leidenschaft und Vision ernst zu nehmen, erfährst du, dass du die Gedanken und Handlungen wählen kannst, die dich entweder einem Leben mit Leidenschaft und Vision näher bringen oder dich weiter davon entfernen.

Tagesaffirmation

Heute nehme ich mir die Freiheit, ein leidenschaftliches Leben zu leben.

Übung: Mit Leidenschaft und Vision arbeiten

Wenn du dir die Frage stellst, was deine Leidenschaft ist, und damit zu kämpfen hast, ein klares Wunschbild für dein Leben zu finden, fange damit an, jeden Tag eine Liste mit den Dingen aufzuschreiben, die du liebst. Die Leidenschaft und Visionen eines Menschen sind stets mit Freude und Glück verknüpft. Benutze das Glück, um jeden Tag etwas zu leisten, das deine Freude aktiviert. Es geht stets um eine Handlung oder Tätigkeit, die sich für dich wirklich gut anfühlt, wenn du deinen Lebenszweck verstehen und eine Vision erschaffen möchtest. Beide Begriffe sind auch stets damit verknüpft, anderen zu helfen. Es ist wichtig, immer danach zu streben, mit deiner Leidenschaft und Vision anderen zu Diensten zu sein.

Zeitplan

Gedanken und persönliche Notizen

Frieden und Ausgeglichenheit

»Wenn wir keinen Frieden haben, dann weil wir vergessen haben, dass wir zueinander gehören.«

MUTTER THERESA

Frieden ist die Freiheit von Störungen, ist Ruhe und Gelassenheit. Ausgeglichenheit ist die Stabilität des Geistes und der eigenen Gefühle. Für wahre Ausgeglichenheit braucht man Frieden. Sie ist ein Kind des Friedens. Wenn du nicht im eigenen Geist und Herzen für Frieden gesorgt hast, bist du sicher nur wenig ausgeglichen.

Wir streben stets danach, eine Balance in unserem täglichen Leben zu finden. Die große Beschleunigung, durch den Rhythmus unseres Arbeits- und Familienlebens kann sehr stressig sein. Der Moment, in dem wir uns zu vernachlässigen beginnen, ist der, in dem wir unsere Stabilität verlieren. Echte Ausgeglichenheit entsteht, wenn man zu seiner Wahrheit steht, während man sich um alle seine Verpflichtungen kümmert. Das bedeutet, dass wir uns treu bleiben und dennoch Verantwortung übernehmen müssen. Das ist die einzige Möglichkeit, Frieden und Ausgeglichenheit im Leben zu erzeugen.

Dein Tagesmotto

In einer Welt, die von so viel Verwirrung und Chaos geprägt ist, brauchst du ein zutiefst inneres Gefühl der Ruhe und Balance. Ohne geistigen Frieden bleibt nur ein Gefühl der Unsicherheit. Öffne deinen Geist und richte dich nach dem Frieden in deinem Herzen aus.

Tagesaffirmation

Heute überlasse ich mich ganz der Präsenz und der Macht des Friedens in mir.

Übung: Mit Frieden und Balance arbeiten

Bemühe dich ernsthaft darum, Ausgeglichenheit zu finden, indem du dich in allen Interaktionen und bei allen Entscheidungen erdest. Achte darauf, dass du, wenn du dich selbst ehrst, stets Respekt und Ehre für andere zum Ausdruck bringst. Versuche, jeden Moment in der Wahrheit zu leben, in dem Wissen, dass die Wahrheit dir ein Gefühl von Frieden und Ausgeglichenheit geben wird.

Begreife, dass Frieden und Ausgeglichenheit sogar in Zeiten hektischer Arbeit oder einer schwierigen Familiensituation aufrechterhalten werden können. Versuche unter allen Umständen, Balance herzustellen, indem du die Wahrheit ehrst und dein Verhalten aus einer Quelle der Wahrhaftigkeit speist.

Zeitplan

Gedanken und persönliche Notizen

Manifestationen

*»Wir müssen bereit sein, das Leben,
das wir geplant haben, loszulassen, um das Leben
annehmen zu können, das auf uns wartet.«*
JOSEPH CAMPBELL

Manifestation ist ein Ereignis, eine Handlung oder ein Objekt, das ganz klar etwas zeigt oder verkörpert, besonders eine Idee oder einen Gedanken. Manifestation ist das Nebenprodukt vieler spiritueller Elemente wie Hingabe, Veränderung, Handeln, Verantwortung, Durchhaltevermögen, Geduld und Annahme.

Viele sehen in der Idee der Manifestation das »Wahrwerden der Träume«. Die große neue Karriere, ein Heiratsantrag, das Entwickeln eines neuen Unternehmens – das sind in der Tat alles Formen der Manifestation, aber äußere. Sie sind wichtig und stellen sich normalerweise ein, wenn wir unseren tiefsten Ängsten mit Mut begegnen. Wenn wir eine Vision haben, dann arbeiten wir darauf hin, diese Vision wahr werden zu lassen und unsere Träume zu manifestieren.

Dein Tagesmotto

Je mehr du in dein Wunschbild eintrittst, desto mehr wirst du deren Manifestation in der Realität erleben. Akzeptiere, dass du es lebst, und tritt in deine Vision ein, als wäre sie schon passiert.

Tagesaffirmation

Heute öffne ich mein Herz, meinen Geist und meine Seele für die Kraft der Manifestation.

Übung: Mit Manifestationen arbeiten

Manifestation entsteht durch eine Bereitschaft zu und eine Haltung beständiger Disziplin. Manifestation entsteht auch, wenn wir darauf hinarbeiten, die geistige Haltung zu entwickeln, einen Traum so vorzubereiten, dass er Realität werden kann.

Konzentriere deine Aufmerksamkeit darauf, eine geistige Einstellung der Bereitschaft und der Bereitwilligkeit zu entwickeln. Das bedeutet, sich spezifisch darauf zu konzentrieren, geistig und spirituell organisiert zu sein. Arbeite jeden Tag daraufhin, Raum in deinem Geist zu schaffen, um deinen Traum zu gestalten und am Leben zu erhalten. Erschaffe stets deine Gedanken und Handlungen auf Grundlage deiner Ideale und Träume.

Zeitplan

Gedanken und persönliche Notizen

Loslassen und überwinden

»Wir werden jeden Morgen neu geboren. Das, was wir heute tun, ist am allerwichtigsten.«

JACK KORNFIELD, THE BUDDHA'S LITTLE INSTRUCTION BOOK

Loslassen bedeutet Einschränkungen, Gefühle oder Verpflichtungen von jemandem oder etwas loszulassen, sodass wieder Platz ist für neue Gefühle. Die Idee des Loslassens zeigt, dass man nicht automatisch frei ist. Hier ist die Idee die Sorge. Sorge ist die Erlaubnis für den Geist, sich mit Schwierigkeiten oder Ärger zu beschäftigen. Es leuchtet ein, dass der Geist, der mit Angst und Sorgen beschäftigt ist, sich nicht auf die produktiveren Dinge im Leben konzentrieren kann. Nur durch das Loslassen negativer Energie und Gedanken kann man den Freiraum nutzen, um zu erreichen, was man wirklich möchte.

Das Loslassen von negativen Gedanken und Enttäuschungen, beseitigt mentale Blockaden und Barrieren. Sorge weist auf Dinge hin, die man durch geistige Arbeit loslassen muss. In Wahrheit kann man die gesamte Energie der Sorgen nutzen, um die eigenen Ziele zu erreichen.

Dein Tagesmotto

Wenn es Dinge gibt, die du als Mauern in deinem Leben wahrnimmst, dann ist das der Moment, sich auf das vorzubereiten, was auf der anderen Seite der Mauer liegt. Deine Entscheidung, dich spirituell vorzubereiten, liefert dir alles, was du brauchst, egal unter welchen Umständen.

Tagesaffirmation

Heute bin ich entschlossen, alle Sorgen loszulassen.

Übung: Mit Loslassen und Überwinden arbeiten

Werde dir zuerst darüber klar, dass sich zu sorgen einfach nicht die beste Art und Weise ist, deine mentale und emotionale Energie zu nutzen. Dann schreibe bitte die fünf Dinge auf, die dir am meisten Sorgen bereiten. Setze dich in einer meditativen Geisteshaltung hin und lass diese Sorgen los.

Sobald du das gemacht hast, formuliere jede dieser Sorgen schriftlich in eine positive Aussage um. Zum Beispiel ließe sich eine Sorge darüber, die Liebe zu finden, formulieren als »Ich habe jetzt die Liebe, die ich verdiene.« Formuliere so alle deine Sorgen um. Konzentriere dich dann nur noch auf die positive Seite deiner Sorgen. Das wird dir auch helfen, mentale Energie loszulassen und sie in eine viel positivere Richtung zu lenken.

Zeitplan

Gedanken und persönliche Notizen

Überfluss und Reichtum

»Du musst nicht um dein Wohl kämpfen. Dein Wohl fließt dir am leichtesten zu, wenn du entspannt, offen und vertrauensvoll bist.«

ALAN COHEN

Überfluss ist der Zustand, in dem es mehr als genug der guten Dinge des Lebens gibt. Reichtum ist ein Überfluss wertvoller Besitztümer oder von Geld. Es ist wichtig, ein inneres Gefühl für den eigenen Wert zu entwickeln. Indem man darauf hinarbeitet, ein Gefühl von Wert zu schaffen und zu behalten, entdecken wir, wie sich das in allen Bereichen unseres Lebens manifestiert.

Es ist wichtig, Überfluss und Reichtum nicht nur in materiellen Begriffen zu denken. Wirklicher Überfluss und Reichtum kommen nur aus spiritueller Gesamtheit. Wir werden in diesem Zustand geboren. Der totale spirituelle Überfluss existiert immer. Wir müssen einfach nur darauf achten, dass wir uns nach unserem Grundzustand des Urvertrauens ausrichten.

Dein Tagesmotto

Überfluss und Reichtum sind natürlich. Es gibt genug für alle. Alles, was du dir nur wünschen kannst, alles, was du brauchst, hast du schon. Es steht zur Verfügung. Du musst es nur benennen und als dein Eigen beanspruchen.

Tagesaffirmation

Heute erlaube ich es mir, großen Überfluss in jedem Bereich meines Lebens zu empfangen.

Übung: Mit Überfluss und Reichtum arbeiten

Nimm dir einen Moment Zeit, um ganz zu akzeptieren, dass aller materielle Reichtum und Überfluss aus einem spirituellen Reichtum kommen, der bereits in dir existiert. Schreibe alle Bereiche auf, in denen du mehr Überfluss und einen kontinuierlicheren Zustand des Wohlstands herstellen möchtest.

Sei bereit, nicht nur finanziellen Überfluss herzustellen, sondern auch mentalen und emotionalen. Gib dir selbst Raum, den natürlichen Zustand des Überflusses anzuzapfen, der in dir existiert. Wirf einen Blick in die Natur, um dich zu inspirieren. Kultiviere eine Erwartungshaltung, um aus der ultimativen Quelle des Überflusses, des Reichtums und Wohlstands zu empfangen. Rechne damit, dass du empfangen wirst, und es wird geschehen.

Zeitplan

Gedanken und persönliche Notizen

Glaube und Vertrauen

»Wenn du von einem Ort der Liebe kommst, bist du frei und Furcht löst sich in Nichts auf, wenn du im Moment lebst – in der Gegenwart –, denn dann hast du keine Angst, weil du all das Gute, all die Wunder hereinlassen kannst.«

CAT FORSLEY

Glaube und Vertrauen sind Partner. Mit starkem Glauben entwickelt man auch größeres Vertrauen. Mit starkem Vertrauen entwickelt man auch größeren Glauben. Vertrauen ist das vollständige Zutrauen in eine Sache. Glauben bedeutet, etwas für wahr oder real zu halten, also eine Meinung zu haben, von der man zutiefst überzeugt ist.

Wenn wir unsere Träume und Ziele verwirklichen wollen, sind Glaube und Vertrauen essenziell. Wir müssen lernen, uns selbst zu vertrauen, unseren Fähigkeiten und dem Wunschbild unseres Lebens. Wir müssen lernen, Vertrauen zu einer höheren Macht, zum Universum zu entwickeln. Wächst dieses Vertrauen, so entwickelt sich ein tieferes Gefühl der Überzeugung und Sicherheit. So entsteht schließlich der Glauben.

Dein Tagesmotto
Wenn du dich der Macht des Vertrauens und des Glaubens überlässt, die in dir wohnt, wirst du feststellen, dass sich dein Leben wandelt und bereichert.

Tagesaffirmation
Heute habe ich Vertrauen in die Macht meiner Worte.

Übung: Mit Vertrauen und Glauben arbeiten
Egal, wie das Ziel, der Traum oder deine Vision aussieht, habe Vertrauen, dass es eine höhere Macht gibt, die dir weiterhelfen wird, diese Dinge umzusetzen. Nimm dieses Vertrauen als Brennstoff für den Glauben an dich selbst und deine eigenen Fähigkeiten.

Erstelle eine Liste all der Bereiche, in denen du das Gefühl hast, dass du deinen Glauben verstärken sollst. Das mag im persönlichen Bereich sein oder im beruflichen. Nimm dir täglich die Zeit, über deinen Glauben an dich selbst und deine Fähigkeiten zu meditieren. Ergreife zu guter Letzt praktische Schritte, um deine Fähigkeiten zu verbessern, die dir helfen werden, mehr an dich selbst zu glauben!

Zeitplan

Gedanken und persönliche Notizen

Zorn heilen und Angst überwinden

»Halte inne, atme durch, sieh dich um
und umarme das Wunder eines jeden Tages,
das Wunder des Lebens.«

JEFFREY A. WHITE

Zorn ist eine sehr wichtige Emotion. Oft verurteilen wir Zorn und ziehen uns vor seiner bloßen Existenz zurück. Zorn ist ein starkes Gefühl des Ärgers, des Missvergnügens oder der Feindseligkeit. Es ist wichtig, dass wir uns und anderen erlauben, Zorn zu erfahren und ihn auf gesunde Art zum Ausdruck zu bringen. Auch wenn Zorn nicht die angenehmste Emotion ist, ist es wichtig, ihn zu akzeptieren. Oft sagt man, dass sich hinter Zorn in Wirklichkeit Furcht verbirgt.

Zorn ist oft ein Schild für tiefere Emotionen, die nicht zum Ausdruck kommen und die viel verletzlicher sind. Es ist entscheidend, nicht über den Zorn zu urteilen, sondern ihn auf eine möglichst konstruktive Art zu nutzen. Das wird schließlich dazu führen, dass man der Angst auf die Schliche kommt und diese Barriere loslässt.

Dein Tagesmotto
Bist du zornig oder in einer Situation, in der du nicht vergeben kannst, projizierst du auf andere, was du an dir selbst inakzeptabel findest. Wenn ich einen anderen Menschen verurteile, verurteile ich in Wirklichkeit mich selbst.

Tagesaffirmation
Heute vergebe ich und lasse allen Zorn los.

Übung
Beginne, uneingeschränkt anzuerkennen, dass wir stets in Liebe und Frieden leben. Die Grenzen, die wir erschaffen, entstehen aus dem, was wir als Angst wahrnehmen. Lass jetzt in tiefer Dankbarkeit allen Zorn los. Finde konstruktive, gesunde Wege, deinen Zorn loszulassen. Nimm dir Zeit, um zu verstehen, dass hinter dem Zorn tiefere Emotionen stecken, die vielleicht blockiert oder unterdrückt sind.

Werde dir klar, dass Angst natürlich ist und dass du in der Position bist, um mit allen größeren Enttäuschungen fertig zu werden. Beginne, deinen Zorn und deine Angst loszulassen, und akzeptiere alle deine Emotionen als zulässig. Finde einen Weg, alle Emotionen konstruktiv zum Ausdruck zu bringen. Das Leben wird erst wirklich sicher, wenn wir das begreifen.

Zeitplan

Gedanken und persönliche Notizen

Mut und Verletzlichkeit

»Das Geheimnis des Glücks ist die Freiheit.
Das Geheimnis der Freiheit ist der Mut.«
THUKYDIDES

Mut ist die Fähigkeit, seine Angst zu überwinden. Angst erzeugt von ganz allein einen Zustand der Verletzlichkeit. Verletzlichkeit ist die Offenheit für physische oder emotionale Attacken.

Wir zucken oft davor zurück, uns Herausforderungen zu stellen, weil wir uns verletzlich fühlen. Wir fühlen uns, als würde uns das Handwerkszeug fehlen.

Verletzlich zu sein, ist ganz natürlich, wenn man sich einer Herausforderung gegenübersieht. Nur so kann man lernen, damit umzugehen. Es gibt stets Herausforderungen, die uns Angst machen. Die Heilung wird meist darin bestehen, mutig zu sein und unsere Verletzlichkeit zu akzeptieren, indem wir uns überwinden und uns der Herausforderung stellen. Nur eine starke Person, ist bereit, sich verletzlich zu fühlen. Noch stärker ist, wer den Mut aufbringt, sich durchzuringen und seine Angst zu überwinden.

Dein Tagesmotto

Du bist hier, um deinen Mut und deine Verletzlichkeit auszustrahlen. Du bist hier, um Liebe zu geben und zu empfangen. Pflanze die Samen der Wahrheit ein und sieh zu, wie der Garten deines Lebens aufs Herrlichste erblüht.

Tagesaffirmation

Heute ändere ich meine Wahrnehmung und bin von Mut, Liebe und Kreativität umgeben.

Übung: Mit Mut und Verletzlichkeit arbeiten

Werde dir während deines Tagesablaufs der Momente deiner Verwundbarkeit bewusst. Sei in diesem Moment mutig und stell dich dem Gefühl der Angst, verletzt zu werden. Mut kann bedeuten, irgendeine Handlung durchzuführen, vor der man Angst hat. Unternimm simple Dinge, um dich deiner Verletzlichkeit zu stellen und damit umzugehen. Schreibe dir deine Siege und Gewinne auf, egal wie klein sie sein mögen.

Zeitplan

Gedanken und persönliche Notizen

Klares Denken und Visualisierung

»Setze dir Seelenfrieden als höchstes Ziel und richte dein Leben danach aus.«
BRIAN TRACY

Klares Denken und Visualisierung sind wirksame Werkzeuge. Beide unterstützen einander. Klares Denken ist die Grundlage effektiver Visualisierung. Es heißt, positiv und affirmativ mit Glauben und Vertrauen zu denken. Unsere Gedanken formen unumschränkt unser Leben. Es leuchtet ein, dass wir die Dinge, denen wir in Gedanken Aufmerksamkeit schenken, für uns selbst geistig erschaffen.

Das lässt sich nicht leugnen. Noch einmal: Klares Denken bedeutet Denken in Klarheit. Klarheit ist Macht. Es beinhaltet stets positive Glaubenssätze und Vertrauen. In klarem Denken ist kein Platz für Zweifel oder Negativität. Die Idee dabei ist, Ruhe und Sicherheit in unserem eigenen Denken wohnen zu lassen. Das wiederum führt zur höchsten optimalen Visualisierung. Visualisierung ist das Formen eines geistigen Bildes. Im Wesentlichen visualisieren wir, was auch immer wir uns vorstellen. Die Art und Weise, wie wir über eine Sache nachdenken, ist tatsächlich eine Form von Visualisierung. Denken ist eine kreative Kraft. Wir müssen damit anfangen, diese simple Wahrheit zu verstehen.

Dein Tagesmotto

Dein Bewusstsein programmiert dein Unterbewusstsein, das die Gehirnaktivität lenkt. Du programmierst den Geist täglich mit deinen Gedanken und Worten wie einen PC und er kopiert dann alles in dein Glaubenssystem.

Tagesaffirmation

Heute ändere ich mein Denken und damit mein Leben.

Übung: Geistige Klarheit und Visualisierung

Nimm dir einfach Mal einen Moment Zeit, um darauf zu achten, wie du über eine Sache oder ein Ereignis nachdenkst. Denkst du darüber offen und mit positiven Erwartungen nach? Nimm dir Zeit, um einfach nur deine Gedanken mit den positiven Kräften des Universums in Einklang zu bringen.

Sobald deine Gedanken geerdet sind und klar dank positiver Erwartungen, erschaffe eine vollständige eigene Visualisierung von dieser Situation. Benutze deine ganze Konzentration, um klare Gedanken als das Fundament deiner Visualisierungen zu nutzen.

Zeitplan

Gedanken und persönliche Notizen

Träumen

»Verschreibe dich dem Guten,
das du verdienst, und der Sehnsucht für dich selbst.
Gib dir selbst geistigen Frieden.
du verdienst es, glücklich zu sein.
Du verdienst Entzücken.«

MARK VICTOR HANSEN, FUTURE DIARY, 1980

Ein Traum ist ein hoffnungsvolles Streben, ein ehrgeiziges Ziel oder Ideal. Die Handlung des Träumens ist das Schwelgen in Tagträumen oder Fantasien, typischerweise aber etwas, nach dem man sich sehr sehnt. Träumen ist ein machtvolles Konzept, das oft unterbewertet wird. Die größten Innovationen und Veränderungen werden von jenen erschaffen, die willens sind, zu träumen, von jenen, die willens sind, alle mentalen Barrieren niederzureißen und sich Dinge für sich selbst und andere auszumalen, die unmöglich erscheinen.

Die immense Macht des menschlichen Geistes kann man an den Träumern erkennen. Oft fürchten wir uns, unsere ausgetretenen Pfade geistig auch nur ein wenig zu verlassen. Neue Ideen fühlen sich für die meisten von uns fremd und ungewohnt an. Radikale Veränderungen in einem Bereich unseres Lebens herbeizuführen, erfordert radikales Träumen.

Dein Tagesmotto
Wenn du willens bist, zu träumen und die Wunder des Lebens zu empfangen, werden sie überall erscheinen. Also öffne deine Augen und bereite dich darauf vor, zu empfangen.

Tagesaffirmation
Ich weiß, dass meine Träume sich ab heute Tag für Tag in Wunder verwandeln.

Übung: Mit Träumen arbeiten
Nimm dir jeden Tag ein paar Augenblicke Zeit, vorzugsweise am Morgen, und träume. Setze dich an deinen Schreibtisch oder hinaus in die Natur. Erlaube einfach deinem Geist, vielerlei Dinge zu erträumen. Es ist wichtig, dass du es deinem Geist gestattest, unzensiert zu träumen. Beschränke dich nicht. Traue dich, das Unmögliche zu erträumen, Dinge, die nicht von dieser Welt zu sein scheinen.

Diese Übung wird dir in allen Bereichen deines Lebens, die du verändern willst, enorm helfen.

Zeitplan

Gedanken und persönliche Notizen

Mitgefühl und Ehrlichkeit

»Die größten Hindernisse zum Seelenfrieden sind störende Emotionen wie Zorn, Anhaftung, Angst und Misstrauen, wohingegen Liebe, Mitgefühl und ein Gespür für universelle Verantwortung die Quelle von Frieden und Glück sind.«

DALAI LAMA

Mitgefühl ist das mitfühlende Erbarmen und die Sorge um das Leiden oder den Schmerz anderer. Mitgefühl ist von unschätzbarem Wert. Ehrlichkeit ist die Eigenschaft, frei von Täuschung und Lüge zu sein. Mitgefühl ist entscheidend auf unserer Reise durch das Leben. Die Vorstellung, Mitgefühl mit dem Schmerz eines anderen Menschen und besonders auch mit dem eigenen zu haben, ist wirklich machtvoll. Es bedarf tatsächlicher Ehrlichkeit, um wahrhaftiges Mitgefühl zu zeigen.

Jeder Mensch ist fähig, Sympathie und letzlich Empathie für andere zu empfinden. Die Empathie ist eine vereinigende Kraft. Mitgefühl ist das Urgestein der Einheit. Aber Mitgefühl kann nicht ohne tapfere und einzigartige Ehrlichkeit entstehen. Man kann nie zu mitfühlend sein.

Dein Tagesmotto

Wenn du deine Aufmerksamkeit auf all das Gute richten, das in dir geschieht, wenn du mitfühlend und ehrlich bist, wirst du für das erfrischt und erneuert, was vor dir liegt.

Tagesaffirmation

Heute betrachte ich das Leben mit Mitgefühl und Ehrlichkeit.

Übung: Mit Mitgefühl und Ehrlichkeit arbeiten

Sei willens, Mitgefühl mit dir selbst und allen anderen zu haben. Lebe jeden Tag mit dem Bewusstsein, dass Mitgefühl viel hilfreicher ist als urteilen. Nimm dir die Zeit zu verstehen, dass dein Leiden und das Leiden der anderen wirklich durch Ehrlichkeit und Liebe geheilt werden können. Empathisch zu sein, kann bedeuten, sich verletzlich zu machen. So muss man willens sein, ehrlich mit dem Schmerz und dem Mitgefühl umzugehen, das man für andere empfindet.

Nimm dir täglich Zeit, dir klarzumachen, wo Mitgefühl am meisten benötigt wird und am hilfreichsten ist. Sei bereit, ehrlich zu sein, wenn es um dein Bedürfnis nach Mitgefühl geht, und bringe es zum Ausdruck.

Zeitplan

Gedanken und persönliche Notizen

Kreativität

»Ein friedlicher Geist erzeugt Kraft.«
NORMAN VINCENT PEALE,
DIE KRAFT DES POSITIVEN DENKENS, 2010

Kreativität ist die Benutzung der Vorstellungskraft oder origineller Ideen, besonders beim Schaffen eines künstlerischen Werkes. Kreativität lässt sich auch beschreiben als die Benutzung der eigenen Ressourcen auf einzigartige Art und Weise, um seine Ziele und Sehnsüchte Wirklichkeit werden zu lassen.

Wenn du anfängst, dein Leben als Kunstwerk zu betrachten, das du erschaffst, wird sich diese Idee leichter visualisieren lassen. Wir sind ständig dabei, in jedem Moment unser eigenes Leben zu erschaffen. Wir müssen willens sein, unsere Vorstellungsgabe zu nutzen, um Lösungen zu finden. Um diese effektiv nutzen zu können, müssen wir weiterhin alle Angst loslassen.

Kreative Ideen fließen am stärksten, wenn man entspannt ist und sich sicher fühlt, das wiederum erlaubt dem Geist, Energie fließen zu lassen. Durch die daraus entstehende Vorstellungskraft erschaffen wir Ideen.

Dein Tagesmotto
Veränderung und Kreativität beginnen im Herzen eines jeden. Es ist deine Hingabe an deine eigene spirituelle Reise, die dein kreatives Bewusstsein öffnet.

Tagesaffirmation
Heute liebe ich mich bedingungslos und lasse meine kreative Energie ganz natürlich fließen.

Übung: Mit Kreativität arbeiten
Nimm dir den Raum und die Zeit, zu entspannen und kreativ zu werden. Beschäftige dich mindestens dreißig Minuten am Tag mit einer künstlerischen Aktivität. Lass deinen Geist entspannen und deine Angst los.

Während dieser dreißig Minuten kannst du malen, zeichnen, singen, schreiben, tanzen, nähen oder dich mit irgendeiner anderen Aktivität deiner Wahl beschäftigen.

Später am Tag kannst dir dann zehn Minuten Zeit nehmen für ein Brainstorming zu Lösungen und Zielen in den Lebensbereichen, in denen du dauerhafte Veränderungen herbeiführen möchtest.

Zeitplan

Gedanken und persönliche Notizen

Verständnis und Akzeptanz

»Auch wir sollten uns leer werden lassen,
damit die große Seele des Universums
uns mit ihrem Atem füllen kann.«

LAURENCE BINYON,
IDEAS OF DESIGN IN EAST AND WEST, 1913

Verständnis ist das Wahrnehmen der beabsichtigten Bedeutung von Worten und Handlungen sowie der Absicht eines Menschen. Akzeptanz ist die Handlung der Zustimmung, etwas zu empfangen oder das Annehmen eines Angebots.

Verständnis haben, heißt präsent zu sein. Wir müssen willens sein, etwas so zu akzeptieren, wie es ist, und es nicht zu verändern, um es wirklich zu verstehen. Werden wir auf irgendeine Art von etwas herausgefordert, dann haben wir die Neigung, es nicht wahrzunehmen. Wir sind nicht länger willens, es zu verstehen. Das macht Akzeptanz noch schwieriger. Ein Leben ohne Verständnis und Akzeptanz kann unerträglich sein.

Wir müssen alle dafür arbeiten, unsere lieben Menschen und uns selbst zu verstehen und zu akzeptieren. Wir sollten Leute verstehen und akzeptieren, von denen wir meinen, dass sie »anders« sind. Dadurch können wir die Akzeptanz anderer pflegen und entwickeln. Verstehen und Akzeptanz anderer bedeutet letzlich, dass wir in Wahrheit uns selbst akzeptieren und verstehen.

Dein Tagesmotto

Du stellst dich jeden Tag den Herausforderungen des Lebens, auch wenn manche dir Angst machen. Du kannst Entscheidungen treffen, die dich zu größerem Frieden, zu Dankbarkeit und Freiheit führen. Verständnis und Akzeptanz resultieren aus einem tiefen, festen Glauben an die Macht des Guten und an ihre Wirkung in deinem Leben.

Tagesaffirmation

Heute lebe ich mein Leben durch Verständnis und Akzeptanz.

Übung: Mit Verständnis und Akzeptanz arbeiten

Nimm dir die Zeit, andere und ihre Wahrheiten zu verstehen, wenn du mit ihnen kommunizierst. Sobald du die Wahrheit anderer und deiner selbst verstehst, sage dir, dass du sie akzeptierst. Die Bereitschaft zur Akzeptanz ist entscheidend und wird deine Seele durchdringen, wenn du es den Dingen erlaubst, einfach so zu sein, wie sie sind.

Zeitplan

Gedanken und persönliche Notizen

Kommunikation

»Die Zeit verfliegt. Es ist an dir, der Navigator zu sein.«
ROBERT ORBEN

Kommunikation ist das Teilen von Ideen, Gefühlen und Gedanken. Ob wir nun verbal kommunizieren, mental oder visuell, wir kommunizieren immer. Es ist leicht, sich abzuschotten und in Zeiten der Prüfung nicht mehr zu kommunizieren. Es ist leicht, anderen das Kommunizieren zu verbieten.

Zuhören ist eine Form der Kommunikation und sollte stets Teil der Gleichung sein! Kommunikation ist das Fundament unserer Existenz. Das ist eine Gabe, die es uns erlaubt, uns miteinander zu verbinden. Ohne die Fähigkeit und die Sehnsucht, im Leben zu kommunizieren, kann es schnell einsam und sinnlos werden.

Es ist absolut wichtig, sich einer wahrhaftigen und respektvollen Kommunikation mit anderen zu verschreiben. Wir bleiben durch unsere Kommunikation miteinander verbunden. Selbst in den härtesten Zeiten müssen wir darum kämpfen, unsere Bereitschaft zur Kommunikation aufrechtzuerhalten.

Dein Tagesmotto

Durch die aktive und konstante Praxis der Kommunikation kannst du dich an der Gnade und Macht orientieren, die alles Leben schafft und erhält.

Tagesaffirmation

Heute lebe ich mein Leben durch aktive Kommunikation.

Übung: Mit Kommunikation arbeiten

Fange den Tag an, indem du zuerst mit dir selbst kommunizierst. Höre auf das, was deine innere Stimme dir sagt. Nimm dir die Zeit, das voll anzuerkennen. Lass deine Handlungen davon bestimmen, was auch immer in dieser Zeit deine innere Wahrheit sein mag.

Nimm nun diese Kommunikation und fange an, der Kommunikation der anderen zuzuhören. Höre zu und erkenne deren Wahrheit an. Lass dich von dieser Wahrheit bei deinen Interaktionen unterstützen. Wenn du wirklich zuhörst und mit anderen kommunizierst, wird eine natürliche Verbindung erblühen.

Zeitplan

Gedanken und persönliche Notizen

Vergebung und den Groll loslassen

»Jeder Atemzug ist eine Gelegenheit, zu empfangen und loszulassen. Ich empfange Liebe und lasse den Schmerz los.«

BRENDA MACINTYRE

Vergebung ist der Prozess, bei dem man aufhört, wütend oder aufgebracht gegenüber jemandem wegen einer Beleidigung, eines Mangels oder Fehlers zu sein. Groll ist bittere Empörung, weil man unfair behandelt wurde.

Die Emotionen Ärger und Zorn sind wichtige und nützliche Emotionen, wenn es darum geht, festzulegen, welche Handlung die richtige ist. Sie sind außerdem schwierige Emotionen, da Ärger und Groll ohne Achtsamkeit schnell zu den einzigen Emotionen werden, die man zeigt. Es ist zudem leicht, im Groll steckenzubleiben.

Vergebung kann schwierig sein. Vergebung bedeutet, das Geschehene zu akzeptieren und kontinuierlich die Verletzungen und den Ärger der Vergangenheit loszulassen. Das ist harte Arbeit und braucht viel Zeit. Für eine gesunde Perspektive darf man nie zur Vergebung gezwungen werden. Vergebung und den Groll loslassen ist sehr persönlich. Es ist nötig, diese Emotionen einzuordnen, wenn man spirituell wachsen möchte.

Dein Tagesmotto

Vergebung ist eine spirituelle Übung und Handlung. Wenn du dir selbst nicht vergeben kannst, wie kannst du dann anderen wahrhaft vergeben? Anderen zu vergeben kann der erste Schritt sein, wenn du dir selbst vergeben willst. Sei willens, zu vergeben. Es wird dich befreien.

Tagesaffirmation

Heute vergebe ich mir und allen anderen.

Übung

Erstelle dir eine Liste mit allen Menschen oder Situationen, von denen du das Gefühl hast, dass sie Vergebung erfordern. Sei bei der Liste sehr ehrlich und präzise. Nimm dir jetzt einen Moment Zeit, um das Universum oder eine höhere Macht zu bitten, dich beim Loslassen allen Grolls zu unterstützen. Bitte die höhere Macht auch um Hilfe, um zu erkennen, was du aus diesen verletzenden Situationen lernen kannst. Arbeite täglich daran. Beginne, indem du eine starke Welle des Mitgefühls in und um dich herum visualisierst. Mit der Zeit wirst du spüren, wie sich eine Last von deinen Schultern hebt.

Zeitplan

Gedanken und persönliche Notizen

Auf den Körper hören

»Das faszinierende Paradox ist ja, dass, wenn ich mich selbst akzeptiere, wie ich bin, genau dann kann ich mich ändern.«

CARL ROGERS,
ENTWICKLUNG DER PERSÖNLICHKEIT, 1961

Wenn wir mit unserer eigenen spirituellen Natur arbeiten, ist es wichtig, dass wir auf unseren Körper hören und ihn wertschätzen. Die physische Welt hat viel zu bieten, wenn es um die Unterstützung deiner spirituellen Reifung und Entwicklung geht. Dein Körper ist sehr wichtig für deine Lebensqualität.

Natürlich ist es leicht, durchs Leben zu toben und sich auf seine Spiritualität zu konzentrieren. Aber wenn wir unsere physische Gesundheit ignorieren, dann werden wir unsere spirituelle Seite nicht praktizieren und zum Ausdruck bringen können.

Sich um den eigenen Körper zu kümmern, kann eine Meditationspraxis werden, bei der Geduld gefragt ist. Es ist so wichtig, auf den eigenen Körper zu hören. Gesundheit wird als das wertvollste Gut angesehen, das man besitzen kann. Wenn dein Körper Aufmerksamkeit braucht, dann höre zu und reagiere entsprechend.

Dein Tagesmotto

Behandle deinen Körper, als liebtest du ihn. Nimm dir Zeit in deinem vollen Tag, um ihm zu geben, was er braucht: nahrhaftes Essen, positive Verstärkung und regelmäßiges Training.

Tagesaffirmation

Heute kümmere ich mich liebevoll um meinen Körper.

Übung: Achtsamkeit mit dem Körper

Immer wenn dein Körper etwas braucht, übe dich in Geduld und Toleranz. Kultiviere eine respektvolle Haltung gegenüber deinem Körper und all den physischen Aspekten des Lebens. Gestalte es wie eine Übung, sich stets um deinen Körper zu kümmern, wann auch immer er es braucht.

Arbeite täglich daran, ihn gut zu behandeln und ihm nahrhafte Mahlzeiten zu geben. Gesundheitspflege kann eine unglaublich starke Form der spirituellen Übung sein und den physischen und geistigen Bereich verbinden. Dein Körper ist etwas Besonderes und verdient täglich alle Aufmerksamkeit und Liebe, die du ihm geben kannst.

Zeitplan

Gedanken und persönliche Notizen

Vertrauen

»Vertraut diesen Träumen, denn in ihnen verbirgt sich das Tor zur Unendlichkeit.«

KHALIL GIBRAN

Vertrauen ist der feste Glaube an die Verlässlichkeit, Wahrhaftigkeit, Fähigkeit oder Stärke von jemandem oder etwas. Wir alle müssen daran arbeiten, Vertrauen in die Person zu entwickeln, die wir sind. Egal, was in der Vergangenheit geschehen ist, habe Vertrauen und glaube daran, dass du stets geführt und geleitet wirst. Vertraue deinen Fähigkeiten und deinem Herzen vollkommen. Das Universum hat uns mit der Weisheit ausgestattet, mit allem fertig zu werden, und unsere Wahrheit zu erkennen. Je mehr du lernst zu vertrauen und deinen Glauben übst, desto besser wirst du die Ergebnisse erkennen.

Dein Tagesmotto

Vertraue darauf, dass deine Hingabe an dein positives klares Ziel dich auf den Pfad der göttlichen Ordnung bringt. Wenn du dich diesem natürlichen Lebensweg überlässt, bekommt dein Leben eine ganz neue und großartige Schwingung.

Tagesaffirmation

Heute nehme ich Veränderung und Vertrauen an, um mich vorwärts bringen zu lassen und mein authentisches Selbst zu enthüllen.

Übung: Mit Vertrauen arbeiten

Nutze jeden Tag, um ein tieferes Vertrauen an die höhere Macht, das Universum und an dich selbst zu entwickeln. Schaue dir die Bereiche in deinem Leben detailliert an, in denen du mehr Vertrauen zu dir selbst und dem Universum entwickeln musst.

Nimm dir dann einen Moment, um über die Zeiten nachzudenken, als das Universum dich ganz und gar unterstützt und seine Verlässlichkeit bewiesen hat. Schöpfe aus diesen vergangenen Momenten ein größeres Vertrauen an dich selbst und das Universum als Ganzes. Gehe mit größerem Vertrauen voran und sieh zu, wie sich das Leben öffnet und täglich mehr zu dem wird, was du dir wünschst.

Zeitplan

Gedanken und persönliche Notizen

Freiheit von Schuld

»Bei Macht geht es darum, was du kontrollieren kannst. Bei Freiheit geht es darum, was du entfesseln kannst.«

HARRIET RUBIN

Freiheit ist die Macht oder das Recht zu handeln, sprechen oder denken, wie man möchte, und zwar ohne Hindernisse oder Einschränkung. Schuld ist das Gefühl, etwas falsch gemacht oder seine Pflicht versäumt zu haben.

Wo Schuld ist, kann es keine Freiheit geben. Wenn man das Gefühl hat, seiner Pflicht nicht gerecht geworden zu sein oder etwas falsch gemacht zu haben, wird man sich nicht frei fühlen. Zur Freiheit gehört, dass man sich und die anderen uneingeschränkt ehrt. Schuld verhindert das, denn wenn jemand sich wegen etwas schuldig fühlt, bedeutet das, dass er seine Aufmerksamkeit nicht darauf richtet, das Bestmögliche für sich selbst und andere zu erreichen. Wenn jemand sich schuldig fühlt, konzentriert er sich oft auf negative Gefühle wie Scham oder Strafe. In der Schuld gibt es keine Freiheit.

Dein Tagesmotto

Freiheit und Schuld enthalten stets einen Grad von Vergebung, für dich selbst oder jemand anderen. Menschen scheuen sich aus vielen Gründen, Vergebung anzubieten. Einige davon davon sind vielleicht sehr überzeugend.

Tagesaffirmation

Heute lasse ich alle Schuld los und bejahe alle positiven Gedanken.

Übung: Mit Freiheit von Schuld arbeiten

Zunächst müssen wir die wichtigste Tatsache begreifen: Wir machen alle Fehler. Zweitens ist es viel wertvoller, aus den eigenen Fehlern zu lernen, als sich an seine Schuld zu klammern. Der einzige Weg, Schuld wirklich loszulassen, besteht darin, seine Fehler wiedergutzumachen. Erstelle dir eine Liste all der Dinge, derentwegen du dich schuldig fühlst. Jetzt folgt eine Liste mit Möglichkeiten, was du unternehmen kannst, um den betroffenen Menschen gegenüber Wiedergutmachung zu leisten. Kommuniziere aktiv deine Absicht um Wiedergutmachung, bei denen es nötig ist, und handle dann. Leiste Wiedergutmachung. Zeige den Menschen, was du getan hast, und suche dir dann Hilfe vom Universum, um all deine Schuld loszulassen und deine Freiheit wiederzugewinnen.

Zeitplan

Gedanken und persönliche Notizen

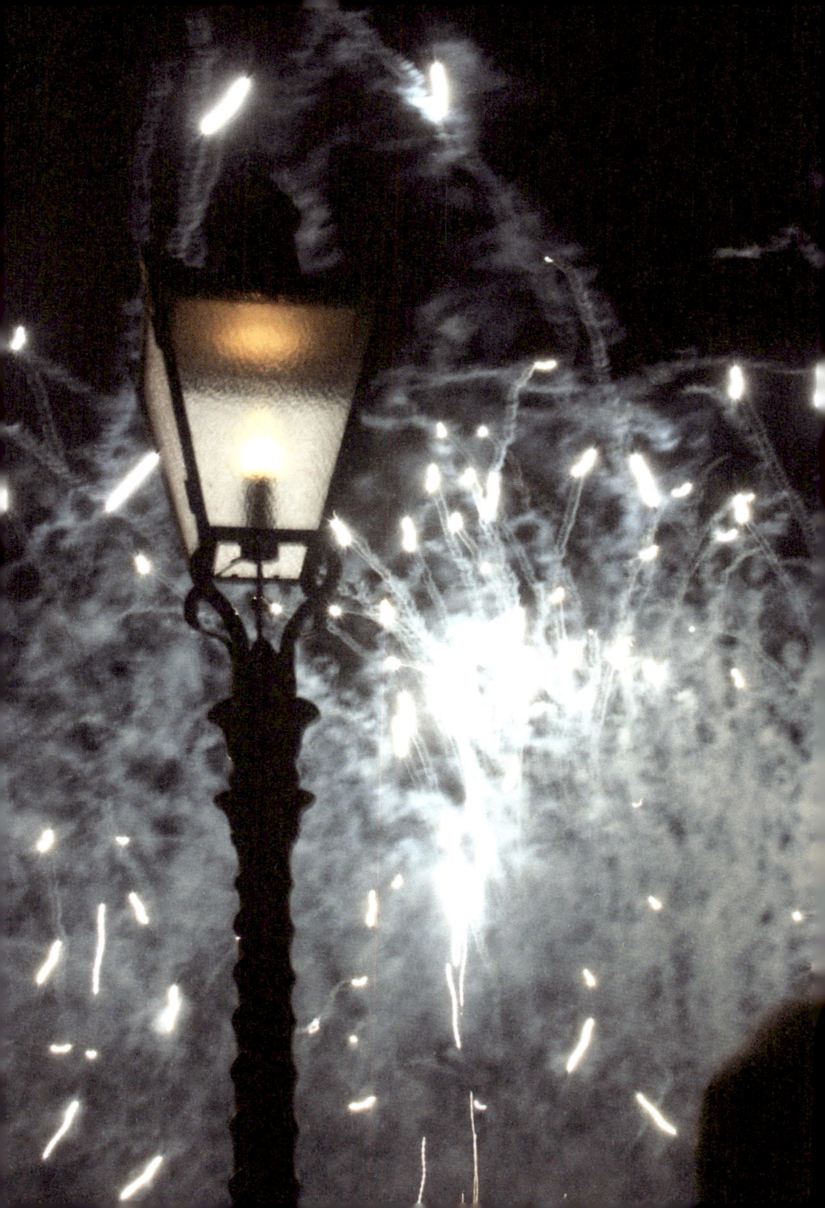

»Erfolg kommt üblicherweise zu denen, die zu beschäftigt sind, um danach zu suchen.«

HENRY DAVID THOREAU

Erfolg ist das Erreichen eines Ziels oder Zwecks. Er lässt sich nur von Person zu Person definieren. Die Gesellschaft kann eine bestimmte Vorstellung von Erfolg begünstigen, aber du weißt erst, was Erfolg ist, wenn du es für dich festgelegt hast.

Erfolg ist oft mit deinem Lebenszweck und der Vision gepaart, die das Universum dir gegeben hat. Das wieder ist einzigartig bei jedem Individuum. Der leichteste Weg zum Erfolg ist, sich und dem Universum ganz zu vertrauen. Der Pfad zum Erfolg wird durch Disziplin und Struktur gelegt – egal was das Ziel ist, es kann erreicht werden.

Dein Tagesmotto

Wenn du in der Welt der Äußerlichkeiten nach jemandem oder etwas für Erfolg, Liebe und Glück Ausschau hältst, wirst du in die Welt des Materialismus und seiner Auswirkungen der Angst und des Mangels geworfen.

Tagesaffirmation

Heute treffe ich die Entscheidung, zu lieben und den heiligen Raum von Erfolg und Glück zu erschaffen.

Übung

Schreibe dir deine Ziele und Vorsätze auf. Es hilft dir zu wissen, was dein Vorsatz und deine spezifischen Ziele sind, um zu definieren, was Erfolg für dich persönlich bedeutet. Es ist wirklich wichtig zu wissen, wie Erfolg für dich persönlich aussieht. Nimm dir etwas Zeit, aufzuschreiben, wie du dir in deinem Leben Erfolg vorstellst.

Vielleicht hilft es, Erfolg für einen bestimmten Zeitraum zu definieren. Das wichtigste Element besteht in einer klaren Vision des Erfolgs. Wie sieht dein Erfolg in den unterschiedlichen Stadien aus?

Nachdem du das getan hast, visualisiere, wie du deine Ziele erreichst und die genaue Gestalt, die der Erfolg für dich annehmen würde. Für manche Leute wäre das ein monetärer Gewinn. Für andere wäre es eine harmonische Familie oder vielleicht, Herausragendes im Beruf zu leisten. Es könnten alle diese Dinge sein. Achte darauf, herauszufinden, wie Erfolg für dich aussieht. Nutze dann deine ganze Kraft, um es Realität werden zu lassen.

Zeitplan

Gedanken und persönliche Notizen

Nachwort

Der Schlüssel zu einem neuen Leben ist stets in uns. Wenn wir die Türen unserer Wahrnehmung öffnen, entdecken wir, dass wir erfüllt sind von einer Motivation und Führung, die es uns erlauben, neue Ziele zu erreichen, unser verborgenes Potenzial zu entfesseln und mehr Zufriedenheit und Belohnung im Leben zu genießen. Denke daran, dass deine Gefühle der Liebe und Dankbarkeit es dir erlauben werden, all das zu empfangen, was das Universum dir zu bieten hat.

Danke dem Universum dafür, das alles in dein Leben zu bringen. Du hast dich an Geist, Körper und Seele erneuert. Jetzt bereite dich auf die Geburt eines neuen Bewusstseins und eines neuen Verständnisses vor. Wähle Freiheit, Liebe, Glück und Erfüllung.

Mit Liebe und Segenswünschen

Gary

Dank euch, Efis Editore srl Publishing Italy, Loretta Zanuccoli, Leonardo, Elena Benvenuti, Laura Cigolini Gulesu, Antonio Ruccia and Davide Cortesi für eure Hingabe, harte Arbeit und euer Engagement dabei, die spirituelle Erleuchtung zu fördern.

Dank euch, Evelyn M. Dalton, Patricia, Lori, Anita Gregory, Doriana Mazzola, Sante Losio, Gina McKay, Maggie Grassi, Mike Chearney, Brian Nelson and Jeff Wheeler für eure beständige Liebe und Unterstützung.

Meine tiefste Anerkennung gilt der Arbeit und der Unterstützung von Sabine Giger, Giger Verlag. Sie unterstützt mich als Mensch, Autor und »Soulbrother« in allen Belangen. Ich möchte ihr für ihre Hingabe, Liebe und kontinuierliches Engagement danken.

Vielen Dank, Sabine, und allen ihren Mitarbeitern in der Schweiz, Deutschland und Österreich in der Giger-Family.

Herzlichen Dank an Cindy Giger für ihre wertvolle Arbeit und Unterstützung. Herzlichen Dank an Bently, dass du unser Familienmaskottchen bist.

Und danke allen meinen wunderbaren Freunden in Zürich, die mich seit über zehn Jahren unterstützen. Herzlichen Dank an Marie-Luce, Laurent, Angela, Cornelia, Nina, Caroline, Angelika, Claud, Cori, Davide, Dominique, Gina, Rene, Roland, Ursi, Stefan und Andreas.

In Liebe
Gary Quinn

Über den Autor

Gary Quinn ist ein internationaler Bestsellerautor, Fernsehmoderator und Produzent sowie ein intuitiver Life Coach, der mit dem Reich der Engel arbeitet. Er ist der Begründer des Touchstone for Life Coaching Programs®, Los Angeles. Er gibt seine wertvollen Einsichten und sein Wissen an ein weltweites Publikum durch seine Selbsthilfe-Motivationsbücher sowie seine Audio-CDs, Fernsehauftritte und Auftritte als Redner weiter. Menschen aus allen Lebensbereichen, darunter Entertainer, Athleten und Firmenchefs, haben sich seine Lehren zu eigen gemacht.

Zu seinen Klienten zählen Oscar- und Grammygewinner und Olympiasieger. Er veranstaltet regelmäßig Retreats und Seminare in den USA, in England, Japan, der Schweiz, Costa Rica, Mexico, Holland, Irland und Kanada.

Es gibt Artikel von ihm in der *Vogue*, dem *Glamour Magazin*, *Gala*, dem *US Magazine*, der *New York Times*. Fernsehauftritte hatte er u. a. bei RAI TV, NBC TV, BBC und Italia 1 und im Radio mit Leeza Gibbons und Shirley MacLaine.

Er ist Autor mehrerer Bücher, darunter *Von Engeln geleitet*, *The Invocation*, *The Power of Yes*. Er lebt in Los Angeles, Kalifornien.

www.GARYQUINN.TV

Touchstone for Life Coaching Program®

Gary Quinn ist Begründer des Touchstone for Life Coaching Certification Program®, das Individuen ausbildet und so transformiert, dass sie in ihrem Leben Erfolg haben.

Wenn du mehr Informationen und einen monatlichen amerikanischen Newsletter erhalten möchtest, besuche www.GARYQUINN.TV

Besuche mich auch auf Facebook und Twitter

Im Alter von 23 Jahren wurde die Schweizerin Tabita Dietrich in der Karibik unschuldig zu drei Jahren Gefängnis verurteilt wegen angeblichen Drogenschmuggels. Drogen, die ein Freund in ihrem Gepäck versteckte. Sie landete in Trinidad in der Gefängnishölle. Ihr Leben veränderte sich von einer Sekunde auf die andere.

Heute, zwei Jahre danach in Freiheit, möchte die junge Schweizerin mit ihrem Schicksal Hoffnung machen, dass man alles schaffen kann im Leben, wenn man nur stark genug bleibt und den Glauben an die Gerechtigkeit nie verliert.

Ihr Buch ist auch eine eindrückliche Dokumentation und Erklärung, wie sie ihr Schicksal aus spiritueller Sicht verarbeitet hat.

TABITA DIETRICH
Verurteilt!
Wie ich mit 23 Jahren unschuldig in der Hölle landete und mich wieder befreite
CHF 25,90 / € 24,90 (D+A)
ISBN 978-3-906872-26-1

Die neue Buchreihe «To Go» des Bestsellerautors – als persönliche Auszeit, zum Innehalten, für die Hosentasche

In diesen drei kleinen Büchern und mittels der CD schafft Bestsellerautor Pirmin Loetscher kleine Auszeiten für jeden Tag. Dank Achtsamkeit, Loslassen und Entschleunigung findet der Leser zu mehr Bewusstsein, befreit sich von Mustern und gewinnt so mehr Zeit für sich selbst. Der Fokus liegt dabei auf einfachen Übungen und Tipps für den Alltag, ohne dabei stundenlang in Meditationen zu versinken.

PIRMIN LOETSCHER
Achtsamkeit
CHF 11,90 / € 9,90 (D+A)
ISBN 978-3-906872-32-2

Loslassen
CHF 11,90 / € 9,90 (D+A)
ISBN 978-3-906872-34-6

Entschleunigung
CHF 11,90 / € 9,90 (D+A)
ISBN 978-3-906872-33-9

Meditationen to go – Achtsamkeit
CHF 19,90 / € 16,90 (D+A)
ISBN 978-3-906872-24-7

Lerne dich mit deinem höheren Selbst zu verbinden

GIGER

BRIGITTE VOSS
Heile dein Herz
Der Schlüssel zum Glück ist die Liebe zu dir selbst
CHF 26,90 / € 23,90 (D+A)
ISBN 978-3-906872-25-4

Ratgeber für Gesundheit und ein selbstbestimmtes Leben

BRUNO ERNI
Ich sehe deine Seele
Wie du gesund und glücklich deine Bestimmung leben kannst
CHF 26,90, / € 23,90 (D+A)
ISBN 978-3-906872-29-2

9 783906 872292

Dieses Buch nimmt dir die Angst vor dem Tod

TIM BRAUN
Das Leben mit und nach dem Tod
Heilung und Trauerverarbeitung mit der geistigen Welt
CHF 23,90, / € 21,90 (D+A)
ISBN 978-3-906872-27-8

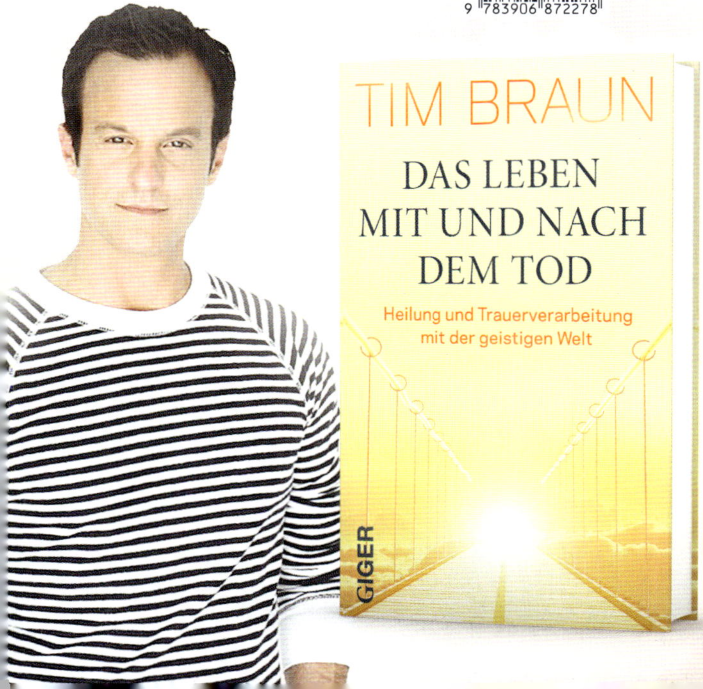

»Hauptsache es flimmert«, hieß es vor 60 Jahren, als die Bilder laufen lernten. »Hauptsache es flimmert«, denken sich heute die Direktoren der kommerziellen Unternehmen, den Blick auf ihre Geschäftsbilanz gerichtet. Den langen Weg dazwischen ist Beni Thurnheer gegangen, zunächst als faszinierter Konsument, dann als einer, der selbst eine berufliche Laufbahn beim Fernsehen einschlug, und jetzt im Pensionsalter wiederum als Konsument, der manche Dinge hinterfragt. Er beschreibt aus der Sicht eines Insiders, wie stark sich die Fernbedienung, das Handy, das kommerzielle Fernsehen oder auch das World Wide Web auf die Programmgestaltung der Fernsehanstalten ausgewirkt hat, und er scheut sich auch nicht, auf kleinere oder größere Mogeleien hinzuweisen, wie sie heute in diesem Geschäft allgemein üblich sind.

BERNARD THURNHEER
Hauptsache es flimmert
Ein Leben mit dem Fernsehen
CHF 34,90 / €29,90 (D+A)

ISBN 978-3-906872-08-7

LINDA GRAY
WELTBEKANNT AUS DER KULT-SERIE DALLAS
SUE ELLEN
und ICH
MEIN EIGENER WEG ZUM GLÜCK
GIGER

Die weltbekannte Schauspielerin Linda Gray feierte ihren 75. Geburtstag mit ihrer Bestseller-Biographie – eine Lebensreise voller Spannung und vielen berührenden Momenten. Bis heute ist die erfolgreiche Schauspielerin und Mutter von zwei Kindern in Hollywood in der Film- und Theaterbranche tätig und arbeitet noch als Model. Mit der Schauspielrolle als Sue Ellen in der Kultserie Dallas, die weltweit ein jahrzehntelanger Straßenfeger war, erlangte sie Weltberühmtheit; aber ihr Leben nach Dallas war mindestens genauso spannend wie die Kultserie, die 2009 ein Revival mit den Original-Schauspielern von damals erlebte und erst mit dem Tod von Larry Hagman, alias JR Ewing, im Jahr 2014 ein Ende fand.

Eine Reise ins Unbewusste, eine sprachliche Gedankenrevolution

GIGER

Dieses Buch des britisch-amerikanischen Autors und Redners Sebastian Siegel, beeinflusst von Alan Watts, Ken Wilber und Ramana Maharshi, ist ein Beitrag zur Frage, wie die Barrieren, die uns Menschen voneinander trennen, gesprengt werden können. Siegel gründet die Konzepte von Paradox und Erwachen auf kurze Illustrationen aus der Geschichte, der Wissenschaft und aus seinem persönlichen Leben.

Sebastian Siegel hat eine große Gabe, mit seiner bildlichen und philosophischen Sprache die Menschen zum Nachdenken anzuregen und ganze Völker zu vereinen.

Don Miguel Ruiz, Bestsellerautor

SEBASTIAN SIEGEL
Die Bewusstseinsrevolution
Betrachtungen über neue Menschlichkeit und Werte
CHF 32,90 / € 29,90 (D+A)
ISBN 978-3-906872-11-7

Eine spirituelle, fesselnde Reise zu dir selbst

JOERG KRESSIG
Der Schlüssel zur anderen Welt
Eine spirituelle Reise zu dir selbst
CHF 16,90 / € 14,90 (D+A)
ISBN 978-3-906872-12-4

Bettnässen – CD
CHF 29.90 / € 27,90
ISBN 978-3-906872-18-6

Selbsthypnse lernen – CD
CHF 29.90 / € 27,90
ISBN 978-3-906872-20-9

Gesunder Schlaf – CD
CHF 29.90 / € 27,90
ISBN 978-3-906872-19-3

Selbstvertrauen durch Hypnose – CD
(bereits bestehend)
CHF 29.90 / € 27,90
ISBN 978-3-905958-43-0

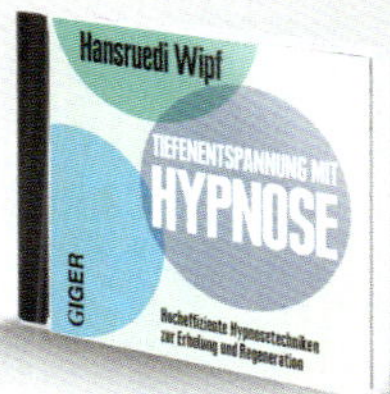

Tiefenentspannung – CD
CHF 29.90 / € 27,90
ISBN 978-3-906872-21-6

Die Fortsetzung des Bestsellers
»Stressfrei glücklich sein«

GIGER

In der Fortsetzung seines ersten Buches *Stressfrei glücklich sein* beschreibt Bestsellerautor Alain Sutter, wie wir in allen Lebenslagen unser Bewusstsein öffnen und unser körperliches Wohlbefinden steigern können. Er berichtet anhand von Beispielen aus seiner Praxis als Coach, wie er Menschen begleitet, ein rundherum glückliches Leben zu führen, u. a. mit Messungen der Herzratenvariabilität (HRV), die zeigt, wie unser Organismus mit unserem Herzen kommuniziert und die Sprache des Herzens sichtbar macht. Das Buch enthält einige Übungen und Atemtechniken, die das Lebensgefühl steigern können, und wird dazu mit einer CD unterstützt. Ein inspirierendes Buch als Plädoyer für ein bewussteres Leben, um Körper, Geist und Seele in Einklang zu bringen.

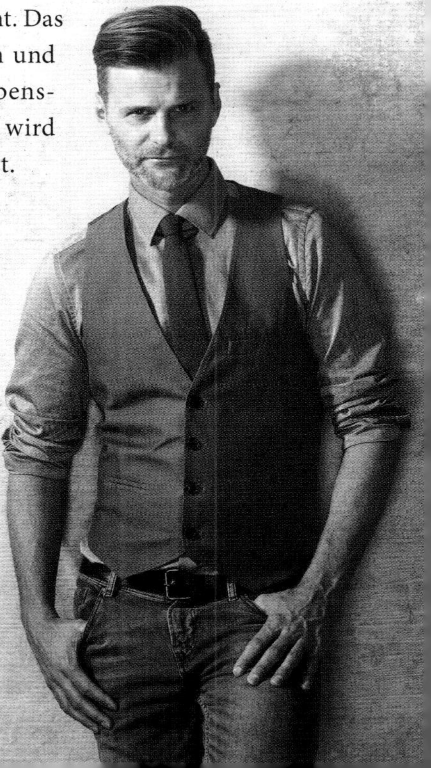

ISBN 978-3-906872-00-1

Dieses Buch beschreibt das Luxusgut des heutigen Jahrtausends und wie wir mehr davon erhalten. *Das Allein sein – mit sich selbst sein!* Und das Schöne an diesem Luxus ist: Jeder wird ihn sich leisten können, ob arm oder reich, man muss es nur wollen. Mit der ständigen Erreichbarkeit durch Handys und soziale Netzwerke geht vielen Menschen die Achtsamkeit fürs eigene Leben verloren.

Jedoch genau im »Allein-sein«, bei sich selbst sein, liegt der Schlüssel, sich selbst zu finden und auszuleben. Erst wenn wir fähig sind, mit uns selbst zu sein, uns selbst auszuhalten, lernen wir vollumfänglich mit unseren Freunden und der Familie ein glückliches Leben zu führen. Der Autor beschreibt u. a. mit vielen Übungen, wie wir lernen können, wieder zu uns selbst zu finden und im Allein-Sein, unseren eigenen Lebensweg wieder besser erkennen zu können.

PIRMIN LOETSCHER
Mit dir allein bist du nie allein
Warum du dich selbst am meisten brauchst
CHF 29,90 / €23,90 (D+A)
ISBN 978-3-906872-01-8

Trost und Liebe durch die heilenden Botschaften der Engel

GIGER

Schon als Kind war es für die hellsichtige Autorin Karina Wagner ganz selbstverständlich, die Engel wahrzunehmen und mit ihnen zu kommunizieren. Sehr verstärkt wurde ihre übersinnliche Wahrnehmung vor einigen Jahren durch eine schwere Krankheit und einer Zeit im Wachkoma, einer Art Nahtoderfahrung. Die Botschaften in diesem Buch waren eine Eingebung der Autorin, um ihr in einer Zeit voller Schmerz und Dunkelheit ihre eigene göttliche Präsenz und die Kraft der Liebe bewusst zu machen.
Diese Botschaften möchte Karina Wagner in ihrem neuen Buch mit den Menschen teilen. Es sind Botschaften des Trostes und der Liebe, die Menschen in schwierigen Situationen helfen, den Glauben und die Kraft an das Göttliche nicht zu verlieren. Ein berührendes Buch einer aussergewöhnlichen Autorin.

KARINA WAGNER
Die heilenden Botschaften der Engel
CHF 26,90 / €21,90 (D+A)
ISBN 978-3-906872-03-2

Pirmin Loetscher
Annehmen und Loslassen
Mit innerer Balance zu einem erfüllten Leben
Fr. 16,90 / € 15,90 (D+A)
ISBN 978-3-905958-87-4

Pirmin Loetscher
Annehmen und Loslassen
Suggestionen für innere Balance zu einem erfüllten Leben
Fr. 29.90 / € 27,90
ISBN 978-3-905958-68-3

Pirmin Loetscher
Annehmen und Loslassen
Mit innerer Balance zu einem erfüllten Leben
Fr. 19,90 / € 19,90 (D+A)
ISBN 978-3-905958-86-7

Pirmin Loetscher
Das LIV Prinzip
Mit Achtsamkeit zur ganzheitlichen Lebensentfaltung
Fr. 32.90 / € 25,90/€ 26,10 (A)
ISBN 978-3-805958-51-5

Pascal Voggenhuber
Kinder in der Geistigen Welt
Fr. 16.90 / € 16,95/€ 17,10 (A)
ISBN 978-3-905958-56-0

Stephen Turoff
Sieben Schritte zur Ewigkeit
Fr. 32.90 / € 17,95
ISBN 978-3-905958-09-6

Gilbert Gress
Mein Leben für den Fussball
Fr. 35,90 / € 27 / € 27,10 (A)
ISBN 978-3-905958-40-9

Alain Sutter
Stressfrei glücklich sein
Fr. 17.90 / € 15.90
ISBN 978-3-905958-69-0

Hansruedi Wipf
Hypnose
Gesundheit und Heilung
auf natürlichem Weg
Fr. 34,90 / € 21,90 / € 21,95 (A)
ISBN 978-3-905958-41-6

Joerg Kressig
Schön sein – Schön bleiben
Professionelle Tipps,
wie Sie Ihre natürliche
Schönheit unterstreichen
Fr. 39.90 / € 34,90 / € 35,10 (A)
ISBN 978-3-905958-31-7

Patric Pedrazzoli
Das Wunder der Heilung
Fr. 15,90 / € 12,90 (D+A)
ISBN 978-3-906872-04-9

Brigitte Balzarini-Voss
Mein Leben mit Steve
Fr. 39.90 / € 32,00 / € 32,50 (A)
ISBN 978-3-905958-01-0

Bianca Sissing
Ich glaubte immer an die Kraft in mir
Fr. 34,90 / €34,90 (D+A)
ISBN 978-3-905958-83-6

Ramona Veda
Die heilenden Gesetze der Liebe
Fr. 29,90 / € 29,90 (D+A)
ISBN 978-3-905958-88-1

Tim Braun
Heilung aus dem Jenseits
Botschaften eines Mediums zur Trauerbewältigung
Fr. 29,90 / € 27,90 (D+A)
ISBN 978-3-905958-65-2

Pascal Voggenhuber
Zünde dein inneres Licht an
Fr. 15,90 / €15,90 / €15,90 (D+A)
ISBN 978-3-905958-66-9

Chris von Rohr
Götterfunken
Die besten Kolumnen
Fr. 29,90 / € 27,90 (D+A)
ISBN 978-3-905958-67-6

Bo Katzman
Du bist unsterblich
Warum wir leben und sterben, leiden und lieben
Fr. 34,90 / € 27,00 / € 27,05 (A)
ISBN 978-3-905958-52-2